es tut einfach weh…

- ich begleite dich durch deine Trauer

Von Ingeborg Alice Müller-Keck

Herausgeber: Inge Müller-Keck
Umschlaggestaltung, Illustration: Benedikt Keck

Cover: „...es tut einfach weh"

Verlag und Druck: tredition GmbH, Halenreie 40-44,
22359 Hamburg

ISBN Taschenbuch: 978-3-347-32826-6
(Paperback)

In Liebe

Das Leben geht nicht zu Ende

nach unserem Tod werden wir schauen,
wir müssen im heute auf Gott vertrauen.

Wir werden uns wiedersehen bei Christus
unserem Herrn
und dieses Sehen ist nicht mehr fern.
Was ist ein Menschenleben
im Hinblick auf die Ewigkeit,
um Jahwe zu dienen bleibt nicht mehr viel Zeit.
Nur dieses kurze Erdenleben hat er uns
aufgetragen,
die Gebote zu leben, ihn zu loben
und nach dem Himmel zu fragen.
Gemessen an der Ewigkeit verliert der Tod
seinen Schrecken,
wir können niemals sterben, er wird uns
auferwecken.

Dank unseres liebenden Gottes fängt unser
Leben nach dem Tod erst richtig an.

gönne Dir eine große Leckerei...

Genezareth

Gibt es ein himmlisches Genezareth,
einen Ort der Heilung bei Ihm?

Bist Du in seiner goldenen Stadt,
der Ort von dem Johannes erzählt?

Ich meine diesen ganz besonderen Ort,
dieser verhüllte, rätselhafte Ort,
an dem Dich gar nichts mehr quält.

Wie ist es wohl in diesem himmlischen Land?
- Uns allen so fremd und unbekannt.

Keinen Streit, keine Qualen, keine Fragen sind
dort
- meine Gedanken können ihn nicht fassen,
diesen himmlischen Ort.

... setze Dich auf eine Bank und beobachte alle Dinge um Dich herum...

Kälte

*Du hast die Kälte nie gemocht und die Wärme
gesucht.*
*WIE OFT HABE ICH DEIN RHEUMA
VERFLUCHT!*
*In der Kälte taten deine Glieder noch mehr
weh*
*Morgen ist November und es liegt weiß der
Schnee.*
Der Gedanke, dich im Grab zu wissen
*- ach Mama, wie gerne würde ich Dich
wachküssen.*
- Wie gerne dich streicheln und wärmen
*und albernes Geschwätz in deine Ohren
lärmen.*
*- Wie gerne würde ich mit dir unter dem
Sonnenschirm sitzen*
oder auf dem Sofa, angelehnt an deine Kissen.
- Wie gerne würde ich Deine Pflege machen
und deine dünnen Haare waschen.
Ich habe dich so gerne berührt
*und in Allem was ich tat, deine Liebe zu mir
gespürt.*

… schau
heute
aufmerksam
Dein
Spiegelbild
an…

Lächeln

Ein kaltes Lächeln huscht über mein Gesicht,
Hiskija ist dem Tode entwischt.
Er war krank und wieder genesen,
die Zauberformel kann ich in der Bibel lesen.
Den Herrn erinnern, laut klagen und weinen,
dass wäre es dann, so hilf Jahwe den Seinen.
Mit einem Dankeslied wird ER noch gelobt
nun – ich kann es nicht, meine Mutter ist tot.
Herr, kanntest du diese wundervolle Frau?
Sie mühte sich ab, in Feld, Stall und Haus
und nicht mal am Abend
ruhten ihre Hände aus.
Sie hat uns das Leben geschenkt unter
Schmerzen und uns das Lieben gelehrt mit
ganzem Herzen.
Sie hat uns zum Glauben an DICH erzogen,
als Dank dafür hast DU sie um ein
schmerzfreies Leben betrogen.
Auch wir Kinder hätten dir zu ihrer Genesung
ein Lied in lobenden, einschmeichelnden
Worten gesungen, - ich bin mir sicher
es hätte genau so schön wie Hiskijas Gesang
geklungen.

...rede mit einem
Menschen über Deinen Schmerz...

Mein Kind

mein liebes Kind, Ich, dein Herr und Gott,
Schöpfer des Himmels und der Erde, liebe
dich!
Steige auf einen Berg und lass deinen Blick
schweifen.
Meine Schöpfung verneigt sich vor dir,
meine Liebe umhüllt dich auf ewig.
Jede Furche, jede Falte, jede Farbe tragen
zu deiner Schönheit bei.
Drücken dich Sorgen nieder, so leide Ich mit
dir.
Gib niemals auf, denn Ich liebe dich
vollkommen.
Am Ende wird alles gut, mein geliebtes Kind.

Ja Ich, Dein Herr und dein Gott,
der Schöpfer des Himmels und der Erde,
sage Dir,
das Beste kommt noch!

… creme heute ganz bewusst
Deine Hände ein…

Mutter

*Ich wünsche mir,
dass Du an der Quelle des Lebens sitzt
und viele, viele um dich hast, die Du liebst.*

*Ich wünsche mir,
ja ich wünsche mir so sehr,
dass du erfrischt bist in diesem Ewigkeitsmeer.*

*Ich frage mich,
wie es dir wohl geht, weg von uns Kindern,
weg von dieser Welt voller Sünder.*

*Mama,
Dich nicht bei mir zu wissen, lässt mein Herz
weinen
und meine Blicke zum Himmel schweifen.*

*Trotz aller Zusagen, die uns die Bibel gibt,
tut es so weh*

- denn ich habe dich geliebt.

.... nimm Dir heute Zeit für Dich,
nur Du bist wichtig ...

Nabelschnur

Meine Nabelschnur ist zerrissen
Salz ist in meinem Gesicht verrieben.
Das Salz meiner Tränen und Bitterkeit,
ausgesetzt, in ein dunkles Land der
Traurigkeit.

Es trennt uns der Himmel,
den Ort, den wir Eden nennen
und wir alle auf Erden nur erahnen können.

Einen Hauch davon können wir erfahren,
wenn wir unsere Seele vor Schlechtem
bewahren.

Wenn wir uns geliebt und angenommen
wissen, wird der Glaube zu unserem Airbag-
Kissen.

Doch Herr in all meinem Glauben an Dich,
bin ich Mensch und singe mein Klagelied.

Bade in meinen Tränen der Bitterkeit,
ausgesetzt im dunklen Land der Traurigkeit.

...baue Dir
einen
kleinen Altar
aus
Erinnerungen...

Paulus

Sieh, Paulus, hier bin ich, der Adam, der Mensch
jeden Tag aufs Neue - der Alte, den du kennst.
Jeden Morgen habe ich den Willen,
mein Leben neu zu gestalten.
Jeden Abend muss ich aufs Neue
meine Hände falten.
Mich entschuldigen für so vieles Versagen
und dann beginnt mein Zweifeln und Hadern.
Die Tage eilen dahin, ich bin keinen Schritt
weiter, habe nichts gelernt, bin nicht
gescheiter.
Sieh, Paulus, ich Alter Adam
lass das Sündigen nicht bleiben,
jeden Tag muss ich selbst darunter leiden.
Du Paulus sagst,
ich darf auf Gnade hoffen und bauen
und bei meinem Tode Christus schauen.
Wahrhaftig eine Nachricht wie aus anderen
Welten, diese Hoffnung soll auch für mich, den
alten Adam gelten?
Ich kann mein Glück kaum in Worte fassen,
aus Liebe
werden meine Sünden erlassen.

...geh heute zur Gedenkstätte
und teile alle
Deine Gedanken mit ...

Saatgut

Hilf,
dass die Saat in mir anfängt zu keimen,
mach mich stark,
gegen Wind, Dürre und Felsgesteine.
Binde mich fest,
wenn ich allzu sehr wanke
und meine Wurzeln nicht tief genug in den
Boden sanken.
Und wenn du meinst,
ich könnte zur Ernte taugen
sei du mein Schnitter, mein Gärtner, mein
Glaube.

...weine, wenn Dir danach ist...

Schaf sein

ich bin eins dieser Schafe, die blöken und rennen
und sich wünschten endlich zu erkennen,
dass es Dir gut geht,
Du lachst

und in dir das Glück des neuen Lebens weilt,
- dass Gottes Liebe dich umfasst und heilt.

Von Angesicht zu Angesicht ohne Geheimnisse leben,
möge Gott Dir all seine Liebe geben.

...lass die Sonne in Dein
Gesicht scheinen...

Zeichen

Ich habe Sehnsucht nach Dir und Deiner Liebe.
Ich vermiss Dich so sehr, mein Herz ist schwer.

Du bist nicht mehr hier!
Weinend sitze ich am Küchentisch
reiße mich zusammen, es gelingt mir nicht.

Seit deinem Tod warte ich auf ein Zeichen von
Dir,
irgendetwas, wo ich weiß, Du bist dennoch bei
mir.

Ich lese Bücher über Menschen, die wissen
vom jenseitigen Leben.
Doch manches Mal kann dies mir keinen Trost
geben.

Kein Signal, kein Zeichen Deinerseits vom
jetzigen ewigen Leben.
Ich interpretiere und deute,
bitte, schenk mir ein Zeichen von dir - heute.

...höre heute 10 Minuten
Deine Lieblingsmusik...

Geburtstag

Dein Geburtstag steht vor der Tür,
wir werden feiern und Du bist nicht hier.
Viel zu schnell
jagt ein Fest das nächste,
- ein ruhiges Jahr
wäre für mich wohl das Beste!

Ich fühle mich wie im Kino
- meinen Blick auf die Leinwand gerichtet,
- und habe noch keine Verschnaufpause
gesichtet.
So viele Anlässe,
die Jahresuhr läuft unbeirrt weiter,
dein irdener Geburtstag steht vor der Tür

- und Du bist leider, leider nicht mehr hier.

... lege Dich bequem hin
und höre Dir selbst
beim Atmen zu...

Was Gott tut

„Was Gott tut, das ist wohlgetan,"
- schauen wir uns diesen Spruch mal näher an.
Verzeih mir, wenn ich das nicht verstehe,
hinterfrage, keinen Sinn darin sehe.

Ich horche in mich hinein,
doch ich kann so nicht fühlen und denken
- kannst Du mir darauf eine Antwort
schenken?

Dein „Wohltun" macht mir Angst und wirre
Gedanken,
mein Schubladendenken erfährt hierbei
Schranken.
Werde ich diesen Satz irgendwann einmal
begreifen,
und im Christsein so reifen, dass ich sagen
werde
„was Gott tut, das ist wohlgetan!"

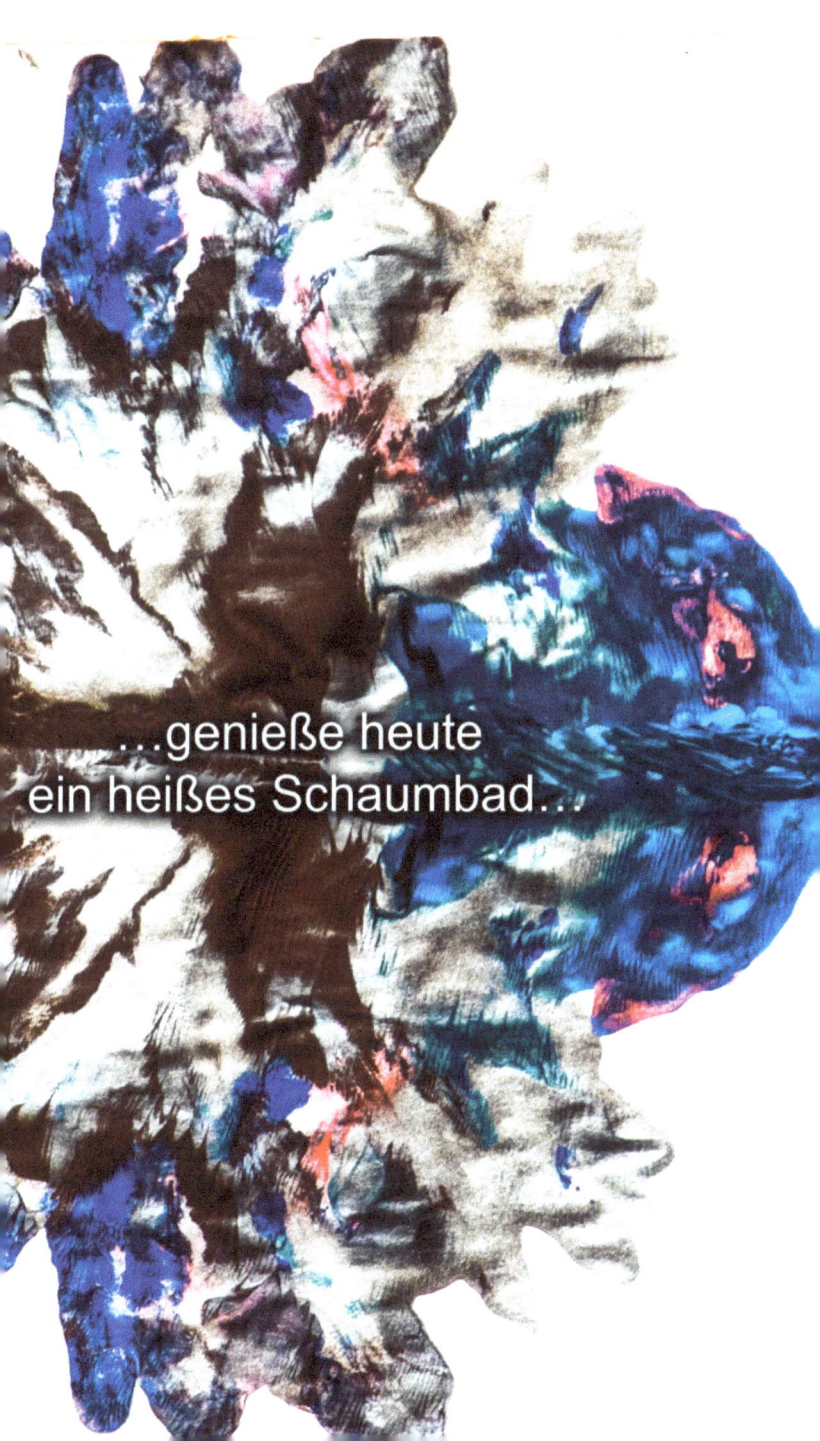

...genieße heute
ein heißes Schaumbad...

Wie gehts?

Wie geht es Dir, Mama?
Dort oben, dort, wo du jetzt bist ohne uns,
sag, ist dort Frühling, sind die Wiesen dort
bunt?
Kannst du gehen, laufen, tanzen ohne
Schmerzen,
ist alles dort oben ein Lachen und Scherzen?

Bist du im weißen Gewand, ohne Leid,
Schmerz und Tränen?
Gibt es dort keine Gedanken, die Dich quälen?

- Kannst Du sehen, was kein Auge gesehen?
- Kannst du hören, was kein Ohr gehört?

Hat deine Seele Seligkeit,
wie mag es wohl sein, im Licht der Ewigkeit?

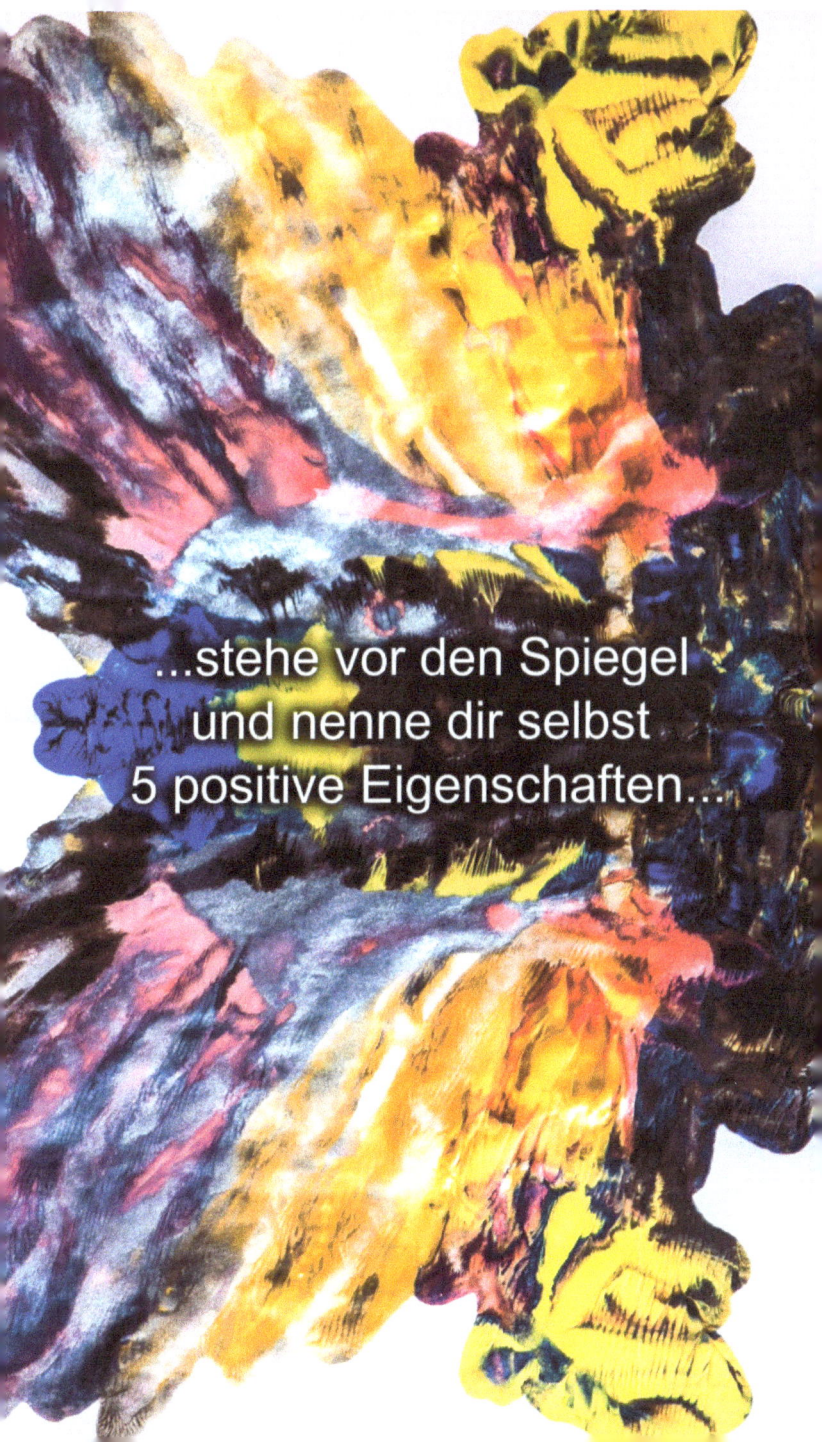

...stehe vor den Spiegel
und nenne dir selbst
5 positive Eigenschaften...

Das Neue Jahr

Das Neue Jahr hat begonnen,
endlos zog sich die Zeit
- und gleichzeitig ist sie doch so
schnell verronnen.
Was die Zukunft mir bringen mag,
ich will es gar nicht wissen,
viel zu oft liege ich noch weinend in meinen
Kissen.

Ich war krank an Körper und Geist, musste viel
an dich denken,
meine Gedanken konnte ich nicht in eine
andere Richtung
lenken.
Dein energiegeladener Lebenswille
wird fortan mein Denken begleiten
und mich in meinem eigenen Kranksein leiten.

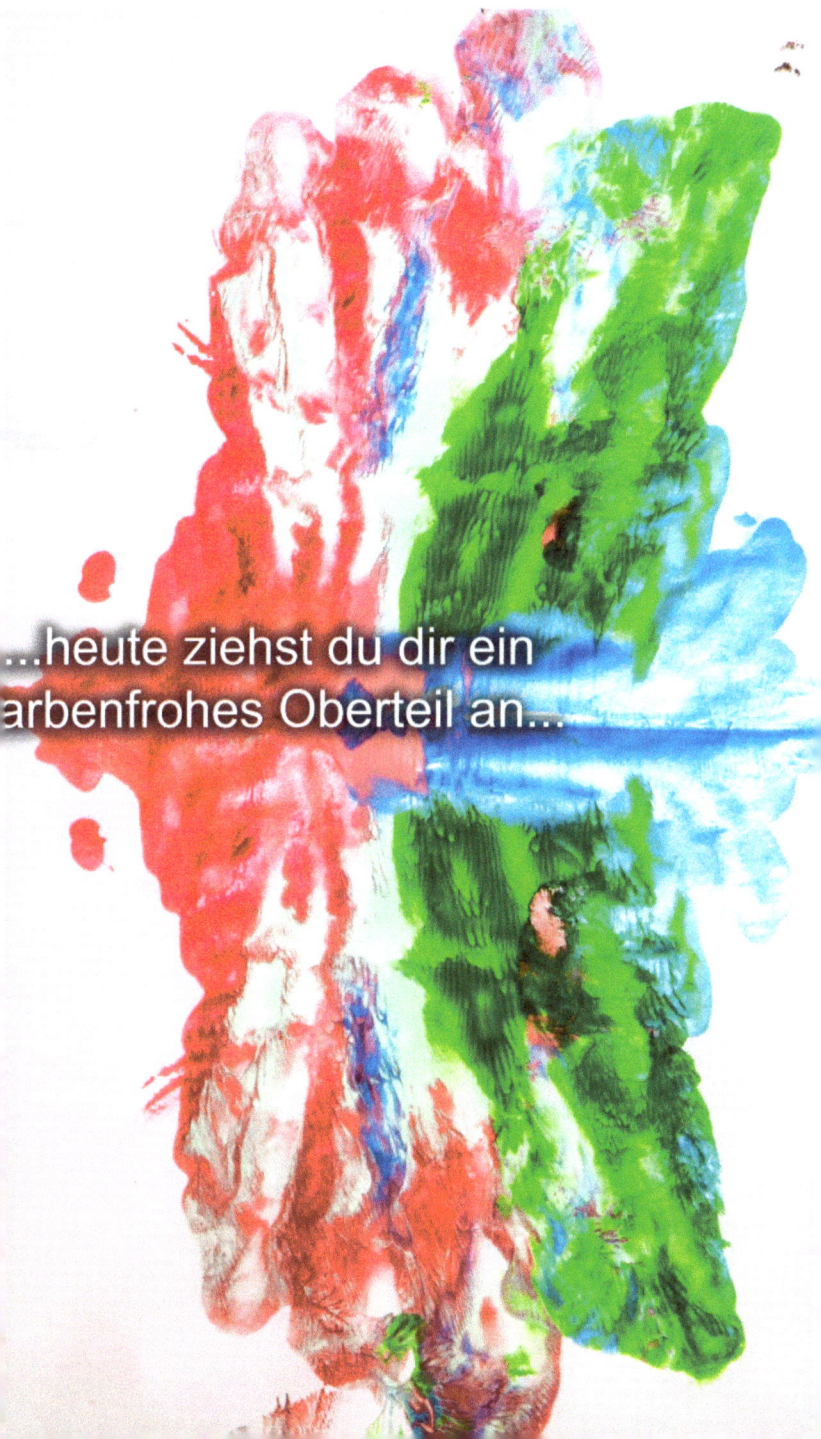

...heute ziehst du dir ein
farbenfrohes Oberteil an...

Geburtstag

Dein 70ster Geburtstag ist vorbei,
dieser 21. Februar,
denn nach unserem Glauben hast du jetzt
zwei.
Ich meine diesen Ersten,
an dem wir Dich immer Zuhause besuchten,
mit Blumen, Küsschen, Geschenken und
Kuchen.
Wie anders war's diesmal,
- so wund war mein Herz
die Blumen aufs Grab
- und die Seele voll Schmerz.
Kein umarmen, kein lachen, kein freudiger
Ausruf von Dir,
- was würde ich geben, wärst du nur hier!
Wo bist du nur, wo ist Dein neues Heim?
Was tust Du so den ganzen Tag, bist Du als
Seele allein?
Kannst Du mit mir fühlen, bist Du mir als
Energiequelle nah?
Es heißt doch „nichts geht verloren",
wie einfach war's doch für mich,
als ich Dich lebend noch vor mir sah!

…hülle Dich in eine weiche Decke ein und lege Dich bequem hin…

Messe

Es war Messe für Dich
- ich bin zur Kirche gegangen,
zu beten für Dich
-dazu hatte ich das Verlangen.

Doch Mama
-kann Dir so eine Messe helfen?
Dort wo Du bist
in diesen unbekannten Welten.
Der Pfarrer
da vorne, wir Christen dahinten,
können Tote
durch so einen Akt den Himmel
besser finden?

Ehrlich, Mama,
- es erschien mir unrealistisch, routiniert
und sinnverloren,
ich denke
-auch ohne dieses Schauspiel
wurdest Du von Neuem geboren.

….räume heute
irgendeine Kleinigkeit
aus Deinem Blickfeld…

Ich will so Vieles

Ich will so Vieles, so vieles sein
und doch ist das meist nur der Schein.

Ich will mich eine gute Ehefrau und Mutter
nennen
und doch lern ich oft meine Grenzen kennen.

Deinen Weisungen und Geboten möchte ich
bedingungslos folgen
und komm doch pausenlos ins Wanken,
Straucheln und Poltern.

…versuche Deinen geliebten Menschen zu riechen…

Hände reichen

Lasst uns einander die Hände reichen!

*In Hoffnung, Liebe, Dankbarkeit soll unser
Denken den Stall von Bethlehem erreichen.
Nur ein einziges Mal wollen wir nicht nach
unserem Platz in der Menschenmenge sehen,
gedanklich intensiv spüren, dass wir gehalten
in der Liebe Gottes fest zwischen Himmel und
Erde stehen.*

*Mit vielen Menschen einen Kreis beschließen
und dabei Gottes Liebe und seine Mitte
genießen.
Nur ein einziges Mal zu Weihnacht weg gehen
von dem eigenen Denken.
„Der Herr ist geboren, er wird uns lenken.“*

…rufe heute Jemanden an, den Du sehr magst…

Woran misst man ein Leben?

Woran misst man ein reiches Leben?
- Reich an Erfahrung, an Lebensgaben,
kann Gott sinnlos zulassen?
Ein Kind, das stirbt,
ist es zurückgerufen worden?
- Aus einem göttlichen Fehler heraus
zur falschen Zeit auf die Erde berufen worden?

Was ist der Maßstab für „sinnvolles Leben"?
- Können wir überhaupt eine Antwort geben?
- Wenn jemand reich an Gaben, akzeptieren
wir den Tod,
doch ist es ein junger Mensch, gar ein Kind,
kommen wir in Antwortnot.
Den Tod verstehen, Herr, das ist zu viel für uns
Ebenbilder,
sehen wir in den Spiegel des Lebens, wir sehen
nicht dahinter.

..geh heute zu der Ruhestätte,
sage laut und deutlich:
„Das Rad des Lebens
dreht sich weiter,
es ist alles gut"…

Abgeräumt

Das Grab ist abgeräumt, die Blumen verwelkten,
die Schleifen liegen vergilbt vor mir.
Noch einmal lese ich die Worte der Liebe und letzten Grüße
auf einem glänzenden Stoff
mit schöner Goldbordüre versehen.
Gealtert, vom Regen verwaschen und von Erde verdreckt
-Mutter, dein Tod hat meine Seele erschreckt.

Ich kann nicht schlafen, versuche, Gott zu verstehen,
rede mir ein, es ist zu deinem Besten geschehen.
Schlechter, wie hier, kann es dir doch nicht gehen
und dennoch würde ich Vieles dafür geben,
dich morgen wie gewohnt zu Hause zu sehen.
Zu denken, es geht dir himmlisch gut
gib mir jeden Tag aufs Neue wieder Mut.

...es ist alles gut,
aber nichts ist mehr so,
wie es vorher war!...

Zeitfracht Medien GmbH
Ferdinand-Jühlke-Straße 7
99095 Erfurt, Deutschland
produktsicherheit@kolibri360.de